AF205459

škola - ښوونځۍ ......... 2
putovanje - سفر ......... 5
transport - ټرانسپورټ ......... 8
grad - ښار ......... 10
krajolik - منظره ......... 14
restoran - ريستورانت ......... 17
supermarket - لوی پلورنځۍ ......... 20
napitci - څښاک ......... 22
jelo - خواړه ......... 23
seosko gazdinstvo - کرونده ......... 27
kuća - کور ......... 31
dnevna soba - د اوسيدو خونه ......... 33
kuhinja - پخلنځۍ ......... 35
kupaonica - حمام ......... 38
dječija soba - د ماشوم خونه ......... 42
odjeća - پوښاک ......... 44
ured - دفتر ......... 49
gospodarstvo - اقتصاد ......... 51
zanimanja - مسلکونه ......... 53
alati - لوازم ......... 56
glazbeni instrument - د ميوزيک آلات ......... 57
zoološki vrt - ژوبڼ ......... 59
šport - ورزش ......... 62
aktivnosti - فعاليتونه ......... 63
obitelj - کورنۍ ......... 67
tijelo - بدن ......... 68
bolnica - روغتون ......... 72
hitni slučaj - عاجل ......... 76
zemlja - خمکه ......... 77
sat - ساعت ......... 79
tjedan - اونۍ ......... 80
godina - کال ......... 81
oblici - شکلونه ......... 83
boje - رنگونه ......... 84
suprotnosti - متضاد ......... 85
brojevi - شميري ......... 88
jezici - ژبی ......... 90
tko / što / kako - څوک/څه/څنگه ......... 91
gdje - چيري ......... 92

Impressum
Verlag: BABADADA GmbH, Nedderfeld 112 , 22529 Hamburg
Geschäftsführer / Verlagsleitung: Harald Hof
Druck: Books on Demand GmbH, In de Tarpen 42, 22848 Norderstedt

Imprint
Publisher: BABADADA GmbH, Nedderfeld 112 , 22529 Hamburg, Germany
Managing Director / Publishing direction: Harald Hof
Print: Books on Demand GmbH, In de Tarpen 42, 22848 Norderstedt, Germany

# škola
## ښوونځی

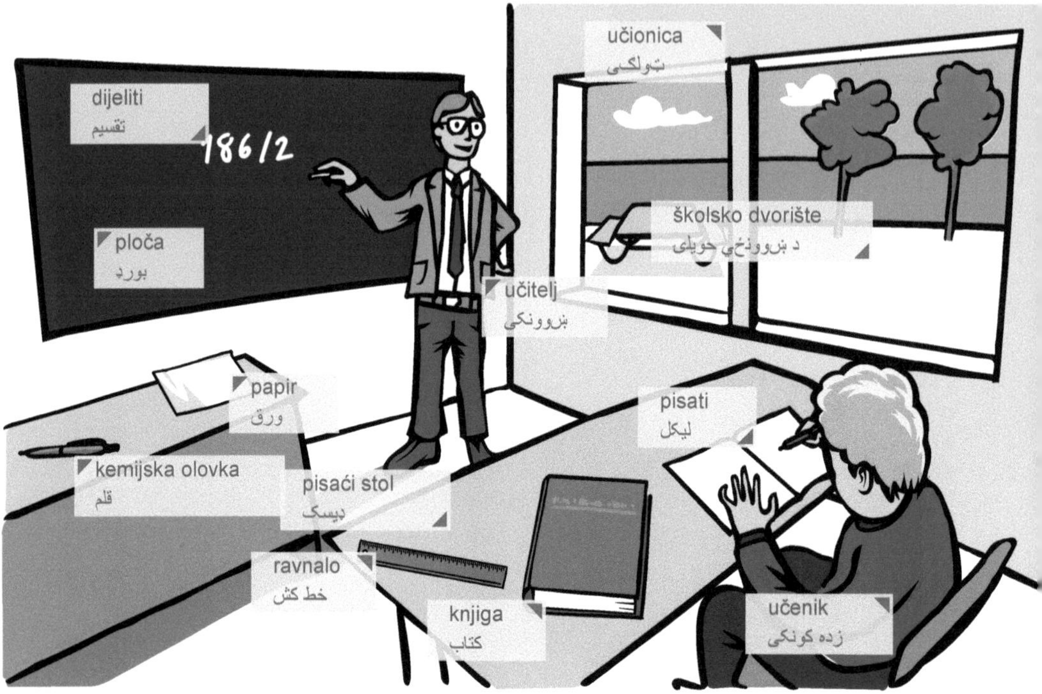

učionica
ټولګی
dijeliti
تقسیم
186/2
ploča
بورډ
školsko dvorište
د ښوونځي حویلی
učitelj
ښوونکی
papir
ورق
pisati
لیکل
kemijska olovka
قلم
pisaći stol
ډیسک
ravnalo
خط کش
knjiga
کتاب
učenik
زده کونکی


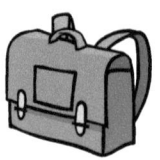

torba
کڅوړه

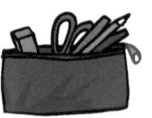

pernica
د پنسل بکسه

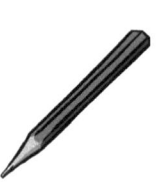

grafitna olovka
پنسل

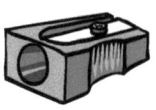

šiljilo za olovke
پنسل تراش

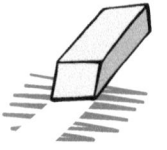

gumica za brisanje
ربړ

blok za crtanje
د رسامۍ پاڼه

crtež

رسامي

kist

د نقاشی برس

kutija s bojama

د نقاشی بکس

makaze

قیچي

ljepilo

سریښ

bilježnica

د تمرین کتاب

domaći zadatak

کورنی دنده

broj

شمیر

sabirati

جمع

oduzimati

منفي

množiti

ضرب

računati

حساب

slovo

توری

abeceda

الفبا

hello

riječ

کلمه

tekst

متن

čitati

لوستل

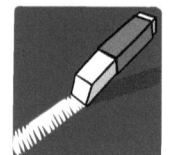

kreda

تباشیر

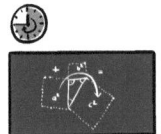

sat

درس

dnevnik

راجستر

ispit

ازموینه

svjedodžba

تصدیق پاڼه

školska uniforma

د ښوونځي يونيفارم

obrazovanje

تعلیم

leksikon

دایره المعارف

sveučilište

پوهنتون

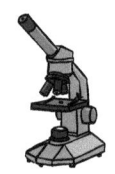

mikroskop

مایکروسکوپ

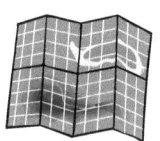

karta

نقشه

košara za papir

اشغالدانی

# putovanje
## سفر

hotel
هوټل
Grand
prenoćište
ليليه
ROOMS
EXCHANGE
mjenjačnica
د اسعارو د تبادلې دفتر
kofer
بکس
auto
موټر


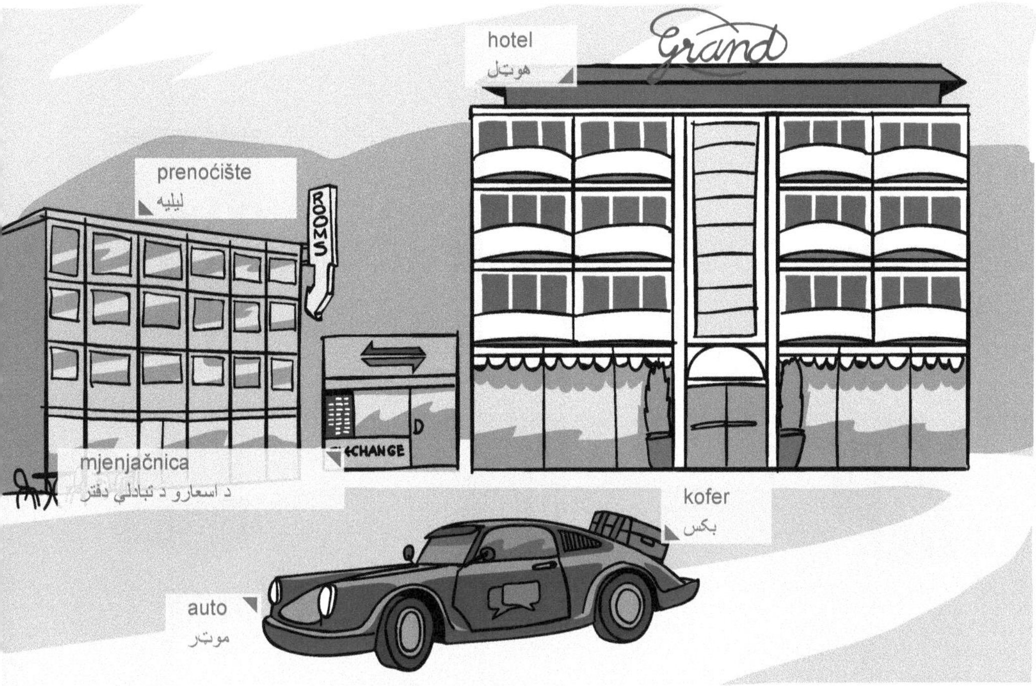

jezik

ژبه

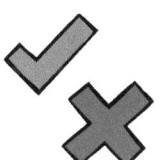

da / ne

هو/نه

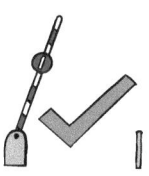

okay

سمه ده

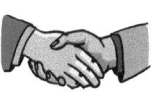

zdravo

سلام

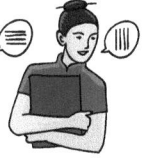

prevoditelj

ژباړونکی

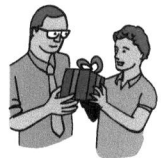

hvala

مننه

Koliko košta...?

څومره دي...؟

ne razumijem

زه نه پوهيږم

problem

ستونزه

dobro veče!

ماښام مو پخير!

Dobro jutro!

سهار په خير!

Laku noć!

شپه په خير!

doviđenja

په مخه مو ښه

smjer

لاربرود

prtljaga

سامان

torba

بيک

ruksak

شاتنی بکس

gost

ميلمه

soba

خونه

vreća za spavanje

د خوب کڅوړه

šator

خيمه

turističke informacije

د توريزم معلومات

plaža

ساحل

kreditna kartica

کریدیت کارت

doručak

ناری

ručak

د غرمی خواره

večera

د شپی خواره

karta za vožnju

تیکټ

dizalo

لفټ

poštanska markica

مهر

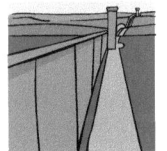

granica

پوله

carina

ګمرک

ambasada

سفارت

viza

ویزه

putovnica

پاسپورت

# transport
## ټرانسپورټ

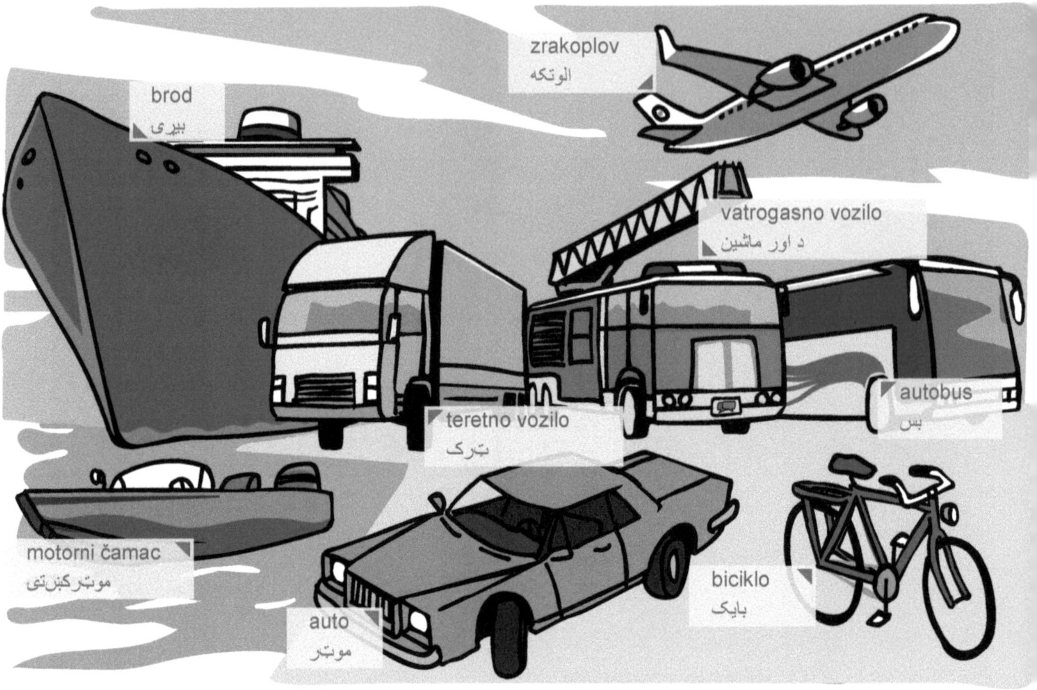

zrakoplov
الوتکه
brod
بیړی
vatrogasno vozilo
د اور ماشین
autobus
بس
teretno vozilo
ټرک
motorni čamac
موټرکښتی
biciklo
بایک
auto
موټر


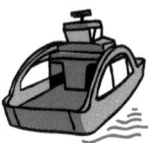

trajekt

کښتی

čamac

کښتی

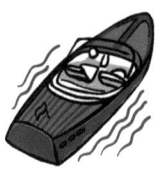

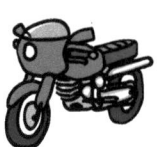

motocikl

موټرسایکل

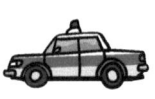

policijski auto

د پولیسو موټر

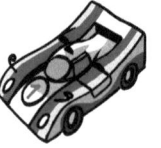

trkaći auto

د ریس موټر

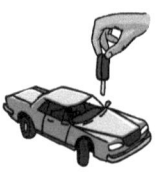

iznajmljeno auto

کرایی موټر

dijeljenje automobila

د کرايه موټری

vučno vozilo

جرثقیل لرونکی ټرک

vozilo za odvoz smeća

ریفیوز ټرک

motor

موټر

benzin

سونګ توکي

benzinska postaja

پټرول سټیشن

prometni znak

ترافيکي نښه

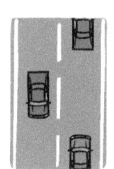

promet

ترافیک

zastoj

جام ترافیک

parkiralište

د موټرو تمځای

kolodvor

د ریل سټیشن

šine

پاتکي

vlak

ریل

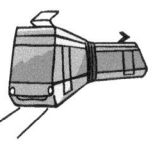

tramvaj

ټرام

vagon

واګون

helikopter

چورلکه

zrakoplovna luka

هوايي ډګر

toranj

برج

putnik

مسافر

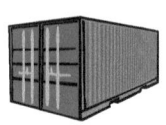

kontejner

کانتينر

karton

کارتون

kolica

کارت

košara

ټوکرۍ

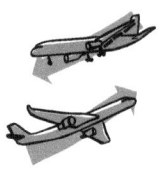

uzletjeti / sletjeti

الوتنه کول/کښېناستل

## grad

بنﺮﺎﺭ

selo

کلی

centar grada

د بنﺮﺎﺭ مرکز

kuća

کور

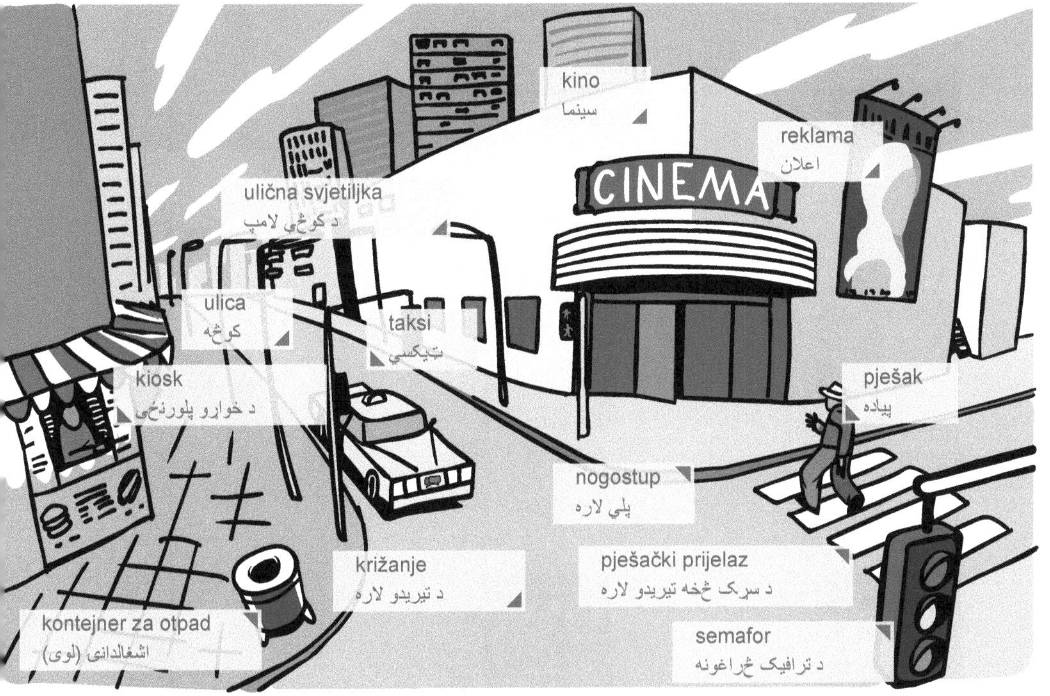

kino
سینما

reklama
اعلان

ulična svjetiljka
د کوڅې لامپ

ulica
کوڅه

taksi
ټېکسي

kiosk
د خوارو پلورنځی

pješak
پیاده

nogostup
پلي لاره

križanje
د تیریدو لاره

pješački prijelaz
د سرک څخه تیریدو لاره

kontejner za otpad
اشغالدانۍ (لوی)

semafor
د ترافیک څراغونه

CINEMA

koliba

کوډله

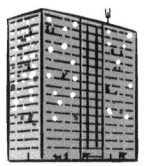

stan

اپارتمان

kolodvor

د ریل سټیشن

vijećnica

ټاون هال

muzej

میوزیم

škola

ښوونځی

sveučilište

پوهنتون

banka

بانک

bolnica

روغتون

hotel

هوټل

ljekarna

درملتون

ured

دفتر

knjižara

کتاب پلورنځی

prodavaonica

پلورنځی

cvjećara

د ګلانو پلورنځی

supermarket

لوی پلورنځی

trg

مارکیټ

robna kuća

د ډیپارتمنت ستور

ribarnica

کب پلورنځی

trgovački centar

د پلور مرکز

luka

لنګرتون

park

پارک

klupa

بینچ

most

پل

stepenice

زينه

podzemna željeznica

د ځمکي لاندی

tunel

تونل

autobusna stanica

بس تمځای

bar

بار

restoran

ریستورانت

poštansko sanduče

پوست بکس

ulični znak

د کوڅی نښه

parkirni sat

د پارک کولو میټر

zoološki vrt

ژوبڼ

bazen

د لامبو حوض

džamija

مسجد

seosko gazdinstvo

کرونده

zagađenje okoliša

ناپاکي

groblje

هدیره

crkva

چرچ

igralište

د لوبو ځکر

hram

معبد/کلیسا

# krajolik

منظره

list
پاڼه

putokaz
د لارښوونې نښه

put
لاره

livada
چمن

kamen
کاڼی

drvo
ونه

šetač
هیکر

rijeka
سیند

trava
واښه

cvijet
ګل

dolina

دره

planina

غونډی

jezero

ناور

šuma

ځنګل

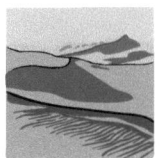

pustinja

دشته

vulkan

اورشيندی

dvorac

کلا

duga

رنګين کمان

gljiva

مرخيړي

palma

پلم ونه

moskito

ماشي

muha

الوتل

mrav

ميږی

pčela

مچۍ

pauk

غونډل/جولا

buba

كونگىت

žaba

چونگبزه

vjeverica

نولى

jež

زيرگى

zec

سوى

sova

كونگ

ptica

مرغى

labud

قازه

divlja svinja

نرخوگ

jelen

هوسى

los

گاوزه

nasip

بند

vjetrenjača

بادي توربين

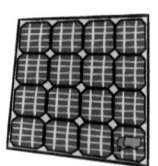

solarna ploča

سولر تختي

klima

اقليم

# restoran

## ریسټورانټ

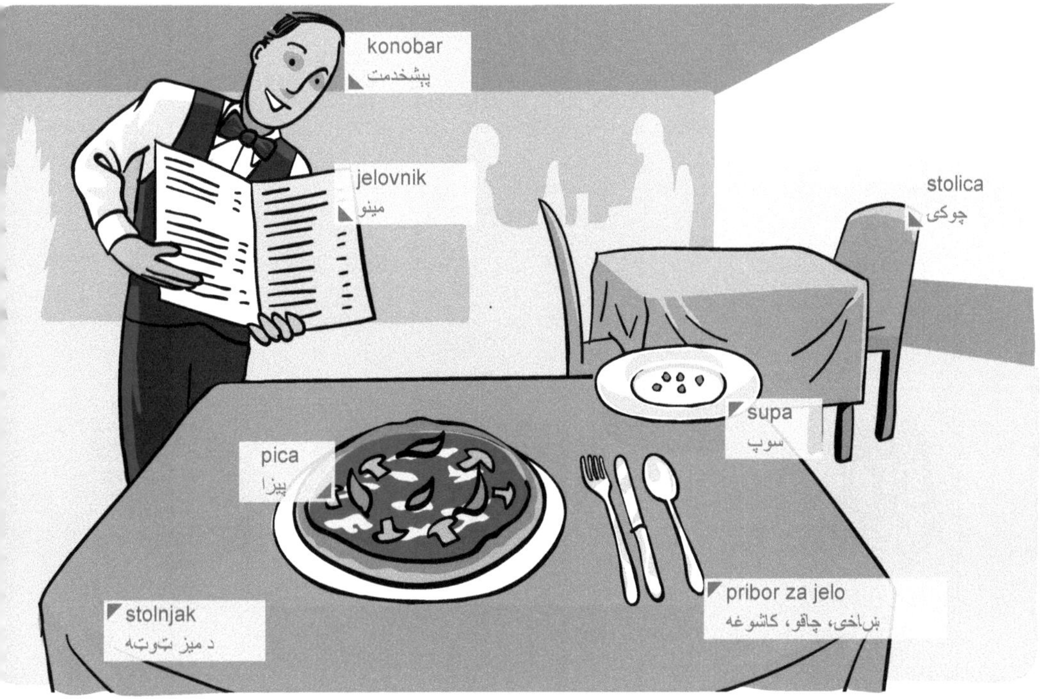
konobar
پیشخدمت
jelovnik
مینو
stolica
چوکۍ
supa
سوپ
pica
پیزا
pribor za jelo
بڼاخۍ، چاقو، کاشوغه
stolnjak
د میز ټوټه

predjelo

سټارټر

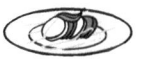

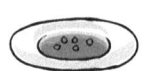

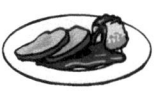

glavno jelo

اصلي خواړه

desert

شیریني

napitci

څښاک

jelo

خواړه

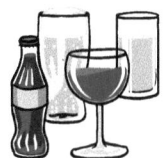

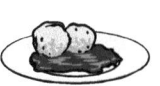

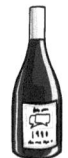

boca

بوتل

fastfood

فاسټ فوډ

imbis hrana

د کوڅې خواره

čajnik

چای جوش

doza za šećer

قندانی

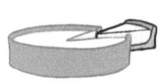

porcija

برخه

aparat za espresso

اسپرسو مشین

visoka stolica

لوړه چوکی

račun

رسید

pladanj

مجمه

nož

چاکو

vilica

پنجه

žlica

قاشق

čajna žlica

چای قاشق

ubrus

سورویت

čaša

ګلاس

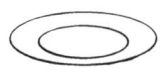

tanjur

پلیټ

tanjur za supu

د سوپ پلیټ

tanjurić

نالېکی

sos

ساس

soljenka

مالګه شیندونکی

mlin za biber

د مرچ ټټکولو لوخی

ocat

سرکه

ulje

غوري

začini

مساله

kečap

کچ اپ

senf

شرشم

majoneza

چکه

# supermarket
# لوی پلورنځی

ponuda
خانګړی وړاندیز
FOR
kupac
پیرودونکی
mliječni proizvodi
لبنیات
voće
میوه
kolica za kupnju
لاسي ګرځ

BUTCHERS

mesnica

قصابي

BAKERY

pekarnica

نانوایی

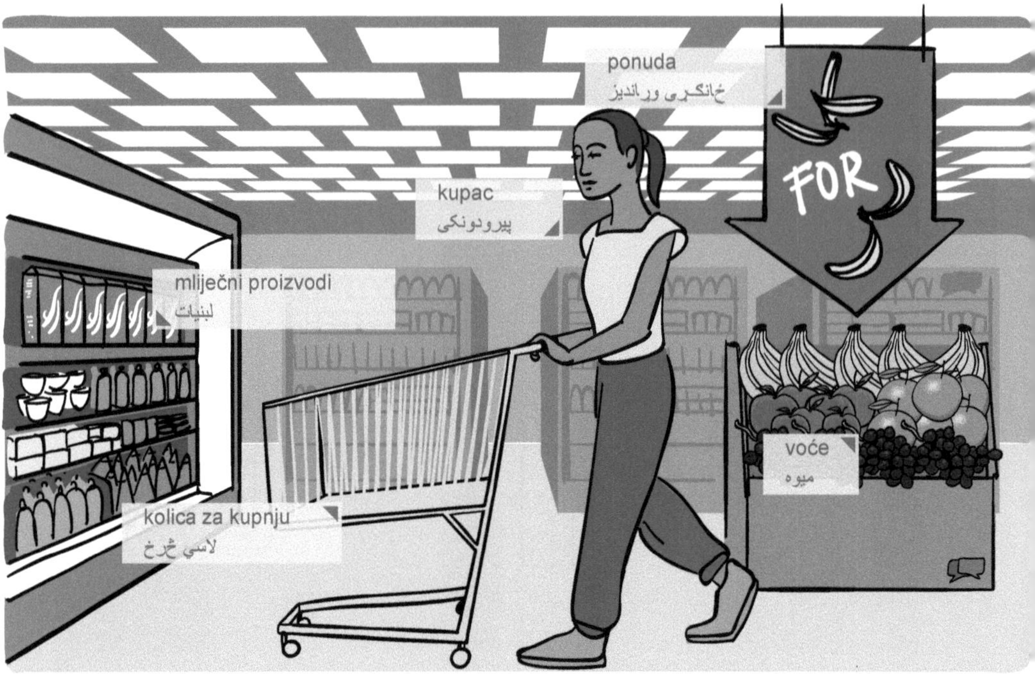

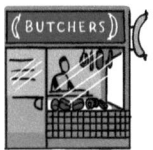

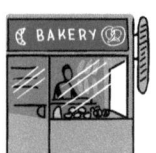

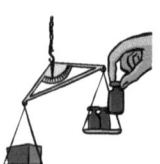

vagati

وزن کول

povrće

سبزیجات

meso

غوښه

duboko smrznuta hrana

کنګل خواړه

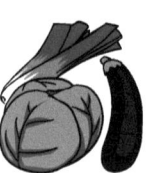

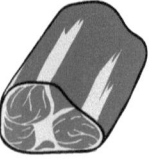

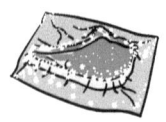

narezak

یخه غوښه

konzerve

کنسروا خواره

sredstvo za pranje

د مینځلو پودر

slatkiši

شیریني

artikli za domaćinstvo

کورني تولیدات

sredstva za čišćenje

د پاکولو محصولات

prodavačica

د پلور فرد

blagajna

د نغدي راجستر

blagajnik

صراف

lista za kupnju

د پیرود لیست

vrijeme rada

کاري ساعتونه

novčanik

بټوه

kreditna kartica

کریډیټ کارت

torba

کڅوړه

plastična vrećica

پلاستیک کڅوړه

voda

اوبه

sok

جوس

mlijeko

ٹیدە

cola

کوک

vino

واین

pivo

بیر

alkohol

الکول

kakao

ککاو

čaj

چای

kava

کافی

espresso

اسپرسو

cappuccino

کپچینو

banana

کيله

jabuka

منه

naranča

نارنج

lubenica

هندوانه

limun

ليمو

mrkva

گازره

češnjak

هوږه

bambus

بانکس

luk

پياز

gljiva

مرخيړي

orašasti plodovi

چغزى

rezanci

آش

špagete

سپيګټي

riža

وريجی

salata

سلاد

pomfrit

چپس

pečeni krumpir

سره کړي کچالو

pica

پيزا

hamburger

همبرګر

sendvič

ساندويچ

šnicla

کتره

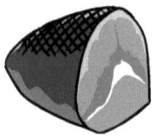

pršut

د پتون غوښه

salama

سلمي

kobasica

ساسچ

kokoš

چرګ

pečenje

روسټ

riba

کب

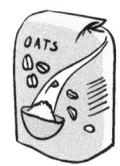

zobene pahuljice

د وربشی شیرنی

musli

موسلي

kukuruzne pahuljice

د جوار پلی

brašno

اوړه

roščić

کروسانت

pecivo

د ډوډی رول

kruh

ډوډی

toast

ټوسټ

keksi

بسکیټ

maslac

کوچ

svježi sir

چکه

kolač

کیک

jaje

هګی

jaje na oko

پیښی هګی

sir

پنیر

sladoled

آیس کریم

šećer

بوره

med

شهد

marmelada

مربا

nugat krema

نوگات کریم

curry

کورکمان

# seosko gazdinstvo

## کرونده

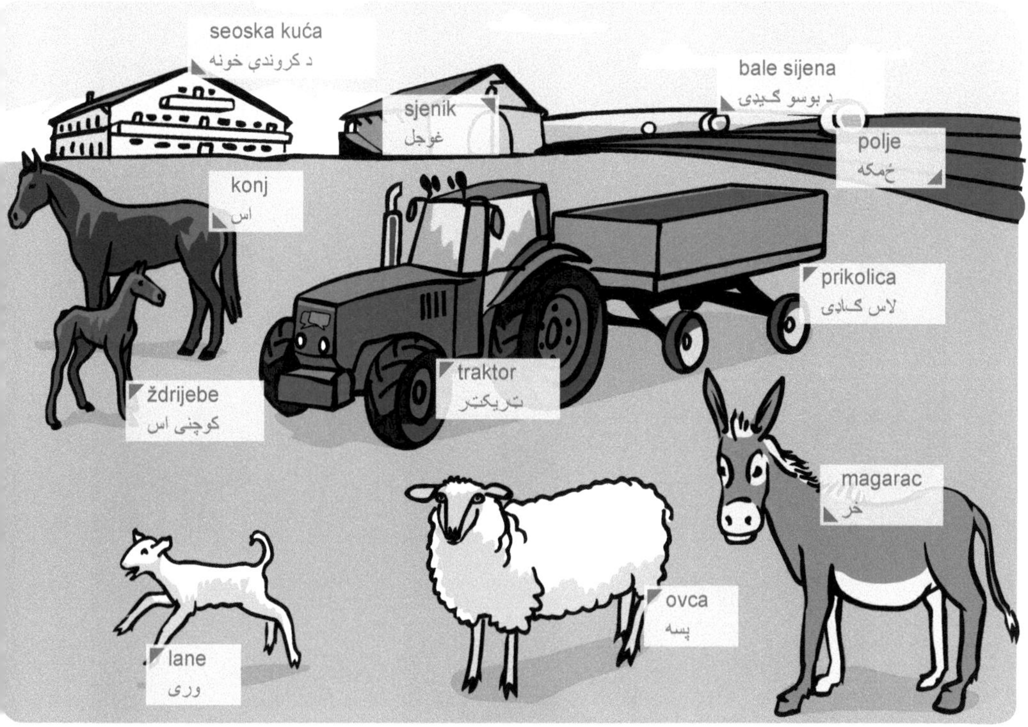
seoska kuća
د کروندې خونه
sjenik
غوجل
bale sijena
د بوسو ګېډۍ
polje
ځمکه
konj
اس
prikolica
لاس ګاډی
traktor
ټریکټر
ždrijebe
کوچنی اس
magarac
خر
ovca
پسه
lane
وری

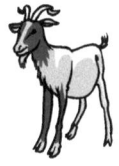

koza

وزه

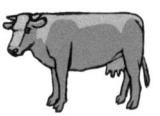

krava

غوا

tele

خوسکی

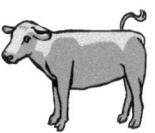

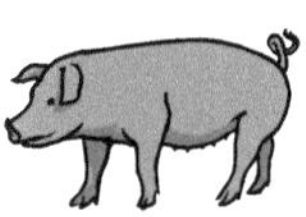

svinja

خوګ

prase

د خوګ بچی

bik

غویی

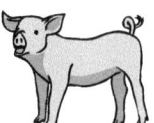

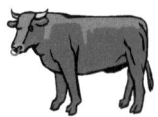

guska

بته

patka

هيلۍ

pilići

چرګوړی

kokoš

چرګه

pijetao

بانګي

pacov

سارای موږک

mačka

پیشک

miš

موږک

vol

غویی

pas

سپی

kućica za psa

د سپي خونه

vrtno crijevo

د باغ هوز

kanta za polijevanje

د اوبو لوخی

kosa

لور (داس)

plug

یوی

srp

لور

motika

رمبی

vilica za gnojivo

ښاخی

sjekira

تبر

tačke

کراچی

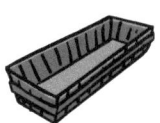

korito

ناوه

posuda za mlijeko

د ښیدو لوخی

vreća

جوال

ograda

کتاره

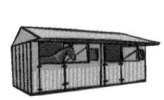

štala

مضبوط

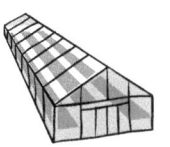

staklenik

ښنه خونه

zemlja

خاوره

sjeme

تخم

gnojivo

سره/کود

kombajn

گډ ریبونکی ماشین

žanjati

زیرمه کول

žetva

درمند

yams začin

خواره کچالو

pšenica

غنم

soja

سویا

krumpir

کچالو

kukuruz

جوار

uljana repica

نباتي تخم

voćka

د میوی ونه

gomolj manioke

مانیوک

žitarice

غله

# kuća
# کور

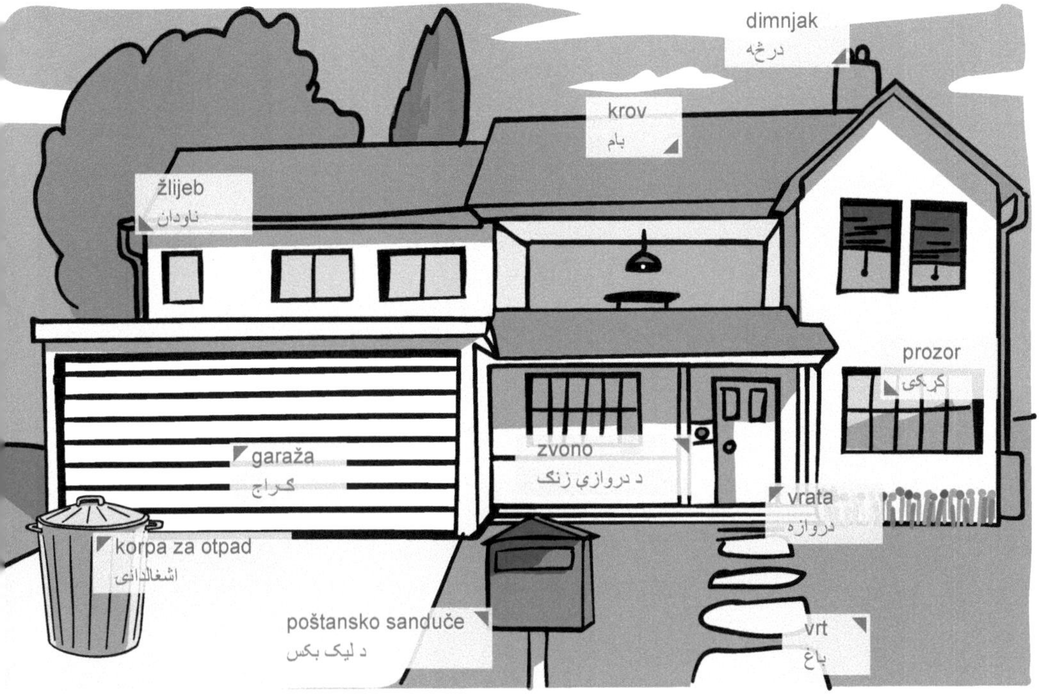

dimnjak
درځه
krov
بام
žlijeb
ناودان
prozor
کړکۍ
garaža
گراج
zvono
د دروازې زنګ
vrata
دروازه
korpa za otpad
اشغالدانی
poštansko sanduče
د لیک بکس
vrt
باغ


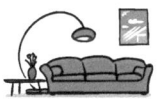

dnevna soba

د اوسیدو خونه

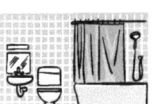

kupaonica

حمام

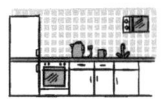

kuhinja

پخلنځی

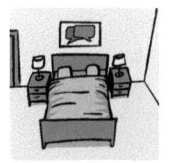

spavaća soba

د ویده کیدو خونه

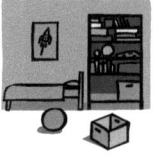

dječija soba

د ماشوم خونه

trpezarija

د خوړو خونه

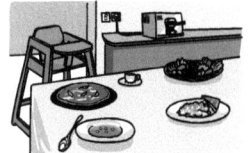

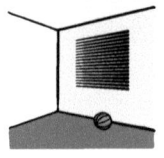

pod

فرش

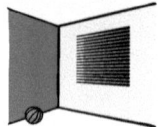

zid

دیوال

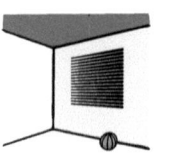

strop

چت

podrum

زیرخانه

sauna

سونا

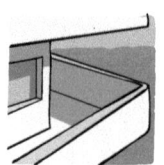

balkon

بالکوني

terasa

تراس

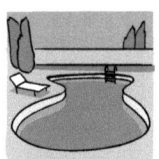

bazen

حوض

kosilica za travu

د چمن وهلو ماشین

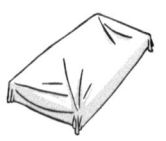

posteljina za krevet

شیت

deka za krevet

روجایی

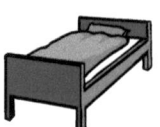

krevet

تخت

metla

جارو

kanta

بوکه

sklopka

سویچ

# dnevna soba
## د اوسیدو خونه

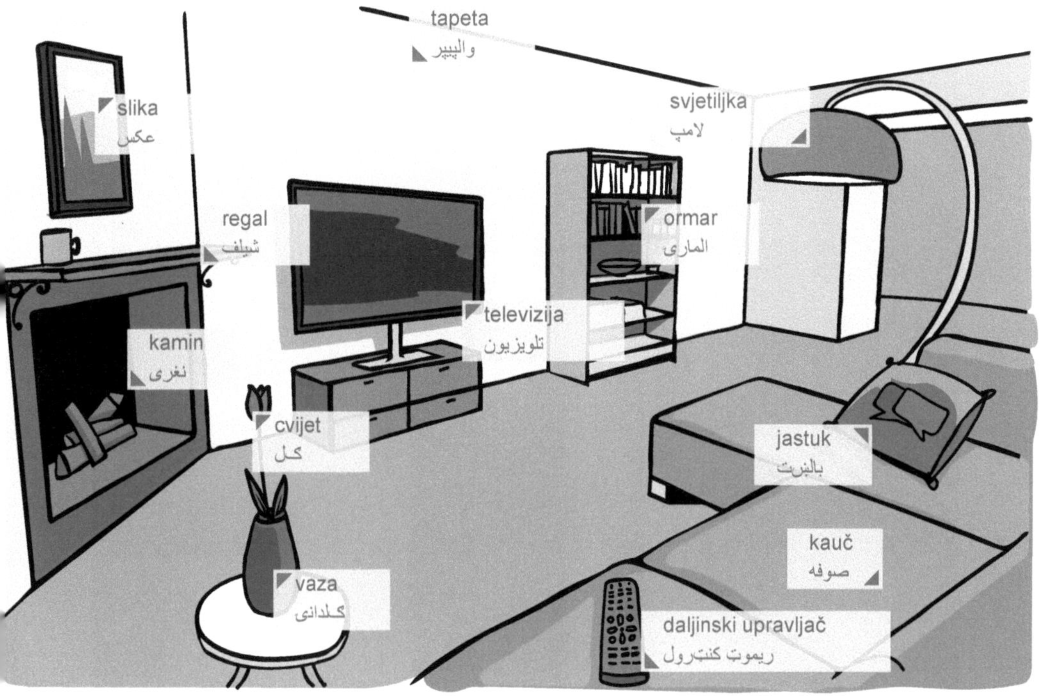
tapeta
والپیپر
slika
عکس
svjetiljka
لامپ
regal
شیلف
ormar
الماری
televizija
تلویزیون
kamin
نغری
cvijet
گل
jastuk
بالښت
kauč
صوفه
vaza
گلدانی
daljinski upravljač
ریموټ کنټرول

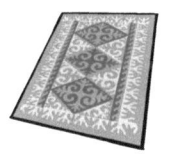

tepih
غالی

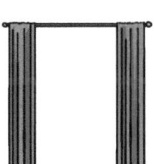

zavjesa
پرده

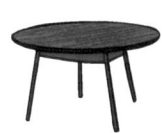

stol
میز

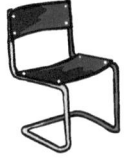

stolica
چوکی

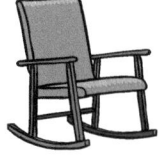

stolica za njihanje
تاویدونکي چوکی

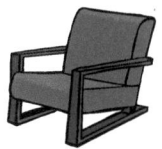

fotelja
بازو لرونکی چوکی

knjiga

كتاب

deka

كمپل

dekoracija

ديكوريشن

drvo za ogrjev

د اور لرکي

film

فلم

stereo uređaj

هايفاى

ključ

كلي

novine

ورځپانه

slika na platnu

نقاشي

poster

پوسټر

radio

راډيو

blok za pisanje

كتابچه

usisavač

واكيوم جارو

kaktus

كاكتوس

svijeća

شمع

# kuhinja
## پخلنځی

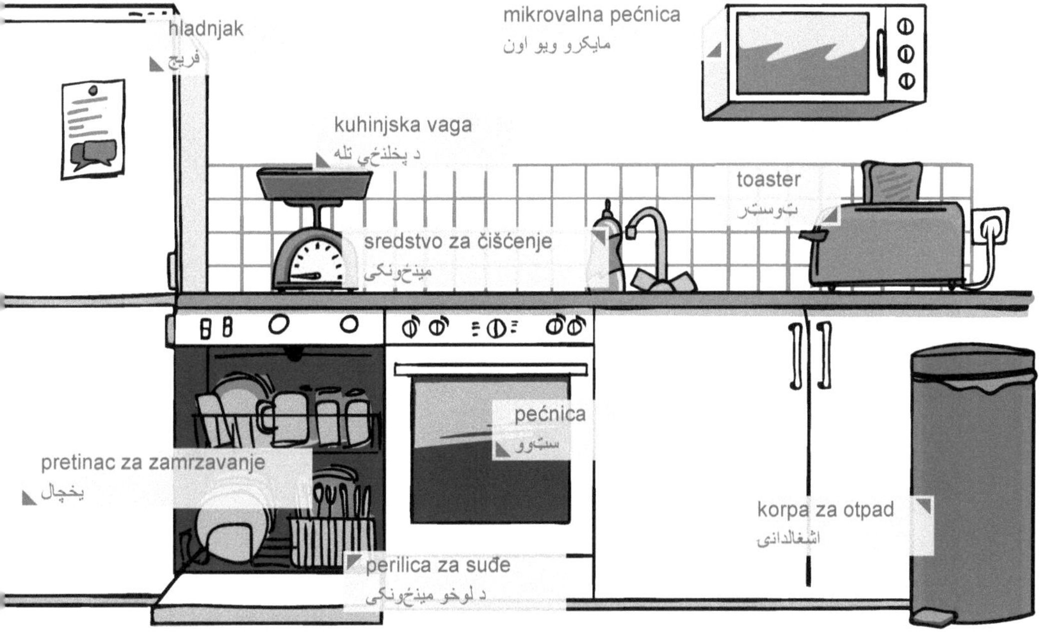

hladnjak
فریج
mikrovalna pećnica
مایکرو ویو اون
kuhinjska vaga
د پخلنځي تله
toaster
ټوستر
sredstvo za čišćenje
مینځونکی
pećnica
سټوو
pretinac za zamrzavanje
یخچال
korpa za otpad
اشغالدانی
perilica za suđe
د لوخو مینځونکی


štednjak

دیگ بخار

lonac

لوخی

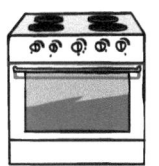

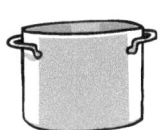

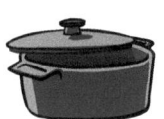

željezni lonac

چدني لوخی

wok / kadai

ووک

tava

د تلي په

kuhalo za vodu

چای جوش

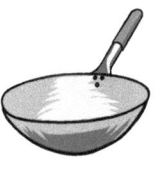

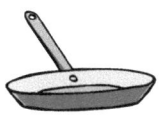

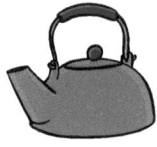

kuhalo na paru

د بخار ديگ

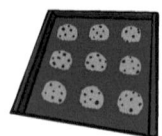

lim za pečenje

پتنوس

posuđe

لوخي

čaša

مگ

zdjela

کاسه

štapići za jelo

د رانيولو اوزار

kutljača

څمڅی

lopatica

کفګير

pjenjača

پاکونکی

sito za kuhanje

صافي

sito

غلبيل

ribež

کريتر

mužar

اونگ

roštilj

بار بي کيو

ognjište

خلاص اور

daska

تخته

oklagija

هوارونکی

vadičep

کارک سکریو

konzerva

ټيم

otvarač konzervi

د ټيم خلاصونکی

krpa za lonac

د لوخي نتونبته

sudoper

ظرف شوی

četka

برس

spužva

سپنج

mikser

بلیندر

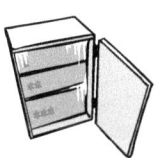

zamrzivač

ژور يخچال

bočica za bebe

د ماشوم بوتل

slavina za vodu

نل

# kupaonica

## حمام

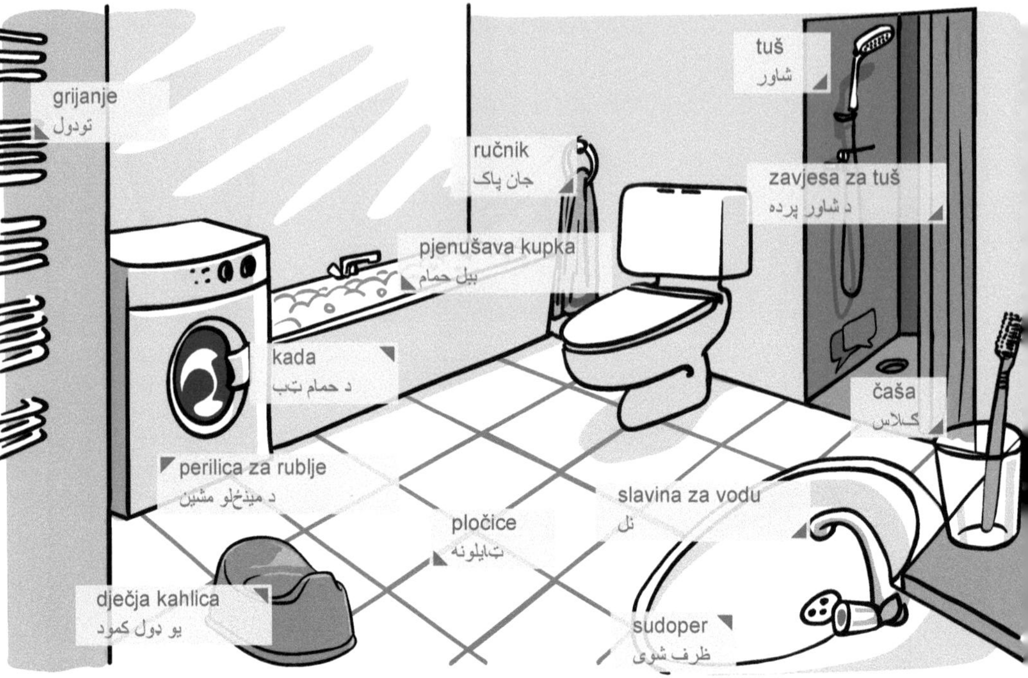

grijanje
تودول
ručnik
جان پاک
tuš
شاور
zavjesa za tuš
د شاور پرده
pjenušava kupka
ببل حمام
kada
د حمام ټب
čaša
ګلاس
perilica za rublje
د مینځلو مشین
slavina za vodu
نل
pločice
ټایلونه
dječja kahlica
يو ډول کمود
sudoper
ظرف شوی


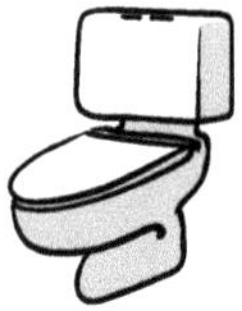

toalet

تشناب

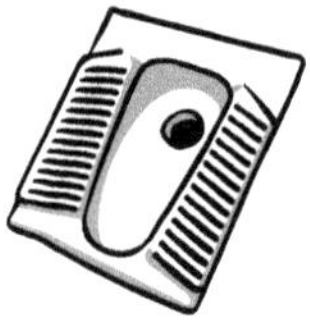

čučavac

فرشي کمود

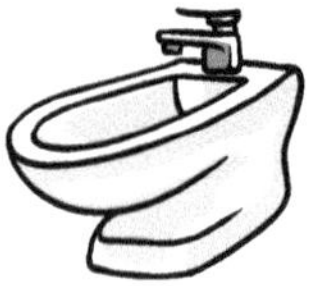

bidet

کمود

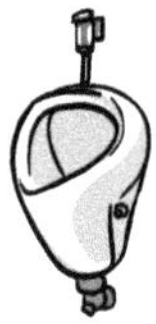

pisoar

د متیازو ځای

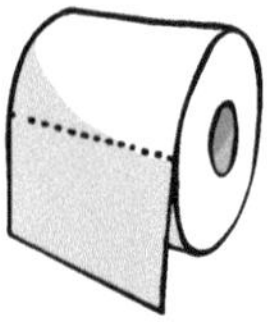

papir za toalet

تشناب کاغذ

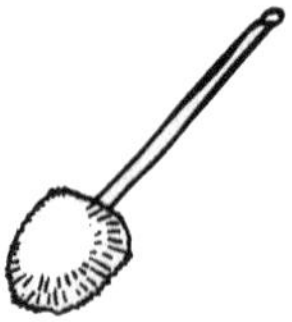

četka za toalet

د تشناب برس

četkica za zube

د غاښونو برس

pasta za zube

د غاښونو کریم

konac za zube

د غاښونو نخ

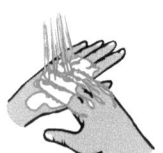

prati

مينځل

tuš ručica

لاسي شاور

tuš za pranje intimnih dijelova

دوش

lavor

خانک

četka za pranje leđa

د شا برس

sapun

صابون

gel za tuširanje

د شاور ژل

šampon

شامپو

krpa za pranje

فلانل جامه

odvod

وجول

krema

کریم

dezodorans

سپری

ogledalo

آینه

kozmetičko ogledalo

لاسي آینه

brijač

ریزر

pjena za brijanje

د خریلو فوم

losion za poslije brijanja

د خریلو وروسته

češalj

كمذخ

četka

برس

sušilo za kosu

د ویښتانو وچونکی

sprej za kosu

د ویښتانو سپری

makeup

میک اپ

ruž za usne

لیپ ستیک

lak za nokte

د نوکانو پالش

vata

کاتن وری

škare za nokte

ناخن گیر

parfem

عطر

neseser

د مینځلو کڅوړه

stolica

سټول

vaga

د وزن کولو تله

ogrtač

د حمام پوښاک

rukavice za čišćenje

د ربړ دستکش

tampon

ټامپون

uložak

صحی جان پاک

kemijski toalet

کیمیکل تشناب

# dječija soba

## د ماشوم خونه

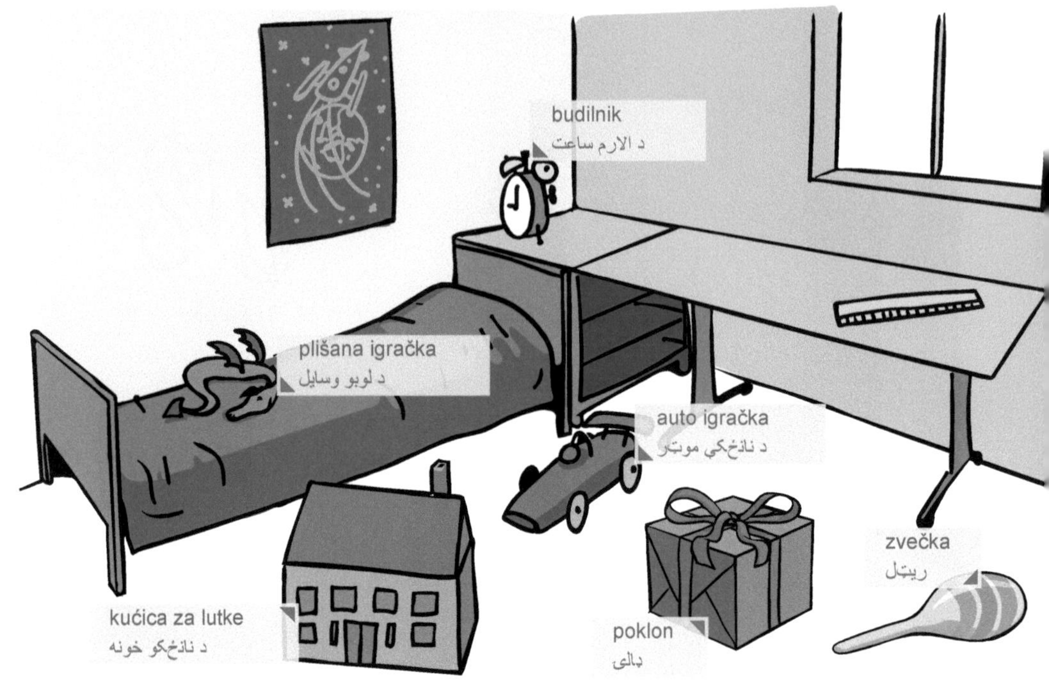

budilnik
د الارم ساعت
plišana igračka
د لوبو وسایل
auto igračka
د نانځکي موټر
zvečka
ریټل
kućica za lutke
د نانځکو خونه
poklon
ډالۍ


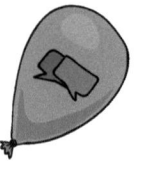

balon

بالون

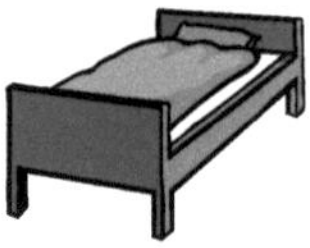

krevet

تخت

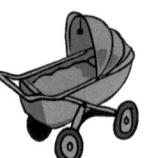

dječija kolica

کالسکه

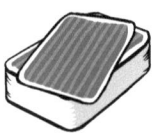

igra s kartama

د لوبو ورقې

slagalica

جيګسا

SUPER MEGA


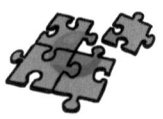

strip

مسخره

lego kockice

ليګو بريک

kockice za slaganje

د نازخکو بلاک

akcioni junak

د اکشن فيګور

kombinezon za bebe

د ماشوم پوښاک

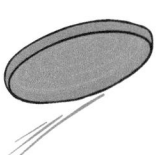

frizbi

فريزبي

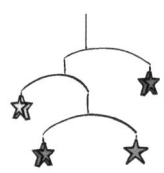

viseće igračke

موبايل

društvene igre

بورد لوبه

kocka

تاس

minijaturna željeznica

مادل ريل سيټ

duda

ګونګښی

tulum

پارټي

slikovnica

د عکسونو البوم

lopta

بال

lutka

نازخکه

igrati

لوبيدل

pješčanik

د شګو کنده

ljuljačka

سوینګ

igračka

نازخکی

konzola za igre

د ویدیو لوبو کنسول

tricikl

نترای سایکل

plišani medo

ګوډکه

ormar

د کالو الماری

## odjeća

پوښاک

kratke čarape

جرابی

čarape

لوړی جرابی

hulahopke

ټایټس

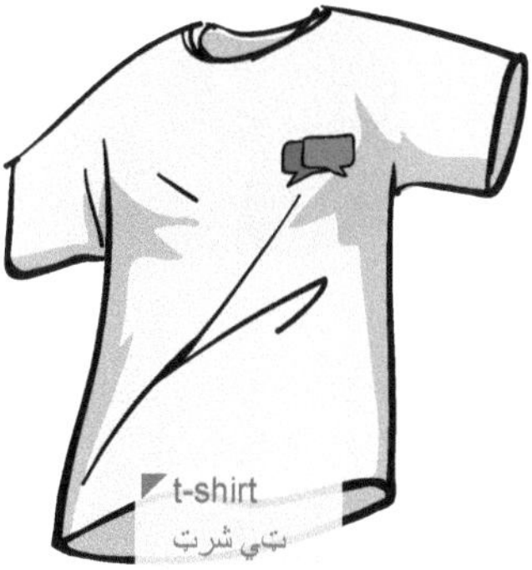

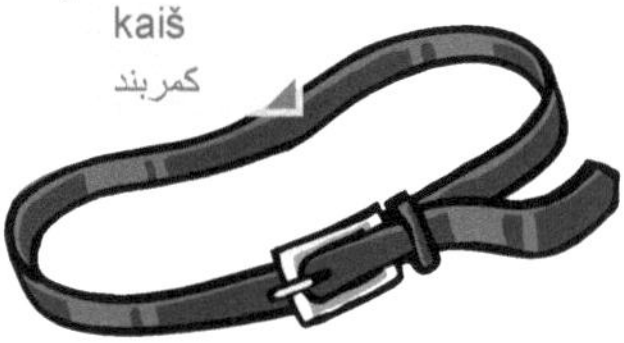

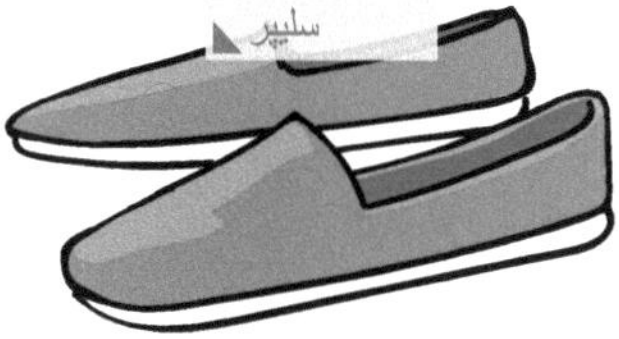

šal
زروکی

kaiš
کمربند

kišobran
چتری

t-shirt
ټي شرټ

čizme
بوټان

papuče
سلیپر

patike
سنیکر

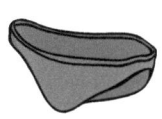

sandale

سینډل

cipele

بوټان

gumene čizme

د ربر بوټان

gaćice

زیرنیکري

grudnjak

سینه بند

potkošulja

واسکټ

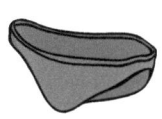

odjeća - پوښاک                    45

bodi

بادي

hlače

پتلون

džins

جينز

haljina

لمن

bluza

بلاوز

košulja

شرت

džemper

بنيان

pulover s kapuljačom

سويتر

blejzer

بليزر

jakna

جاكټ

kaput

کوټ

kabanica

د باران کوټ

kostim

پوښاک

haljina

کالي

vjenčanica

د واده پوښاک

odijelo

دريشي

spavaćica

د شپې پوښاک

pidžama

پاجامه

sari

ساري

rubac

لوپټه

turban

پټکی

burka

برقه

kaftan

كفتن

abaja

عبا

kupaći kostim

د لامبو پوښاک

kupaće gaćice

نیکر

kratke hlače

شارت

odjeća za trening

د خځاستي پوښاک

pregača

پیش بند

rukavice

دستكش

**gumb**

بتڼ

**naočale**

عینک

**narukvica**

لاس بند

**ogrlica**

غاړه کی

**prsten**

ګوتمه

**naušnica**

غوږوالۍ

**kapa**

خولۍ

**vješalica**

کوت بند

**šešir**

خولۍ

**kravata**

نیلایی

**patent zatvarač**

زنځیر

**kaciga**

هیلمیت

**naramenice**

ترونګی

**školska uniforma**

د ښوونځي یونیفارم

**uniforma**

یونیفارم

podbradak
بيب

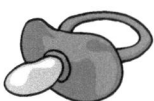

duda
گونگشی

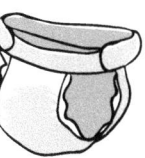

pelena
نيپي

# ured
## دفتر

server
سرور

ormar za spise
د دوسيه الماري

pisač
پرينتر

papir
ورق

monitor
مانيتور

pisaći stol
ډيسک

miš
ماوس

mapa
فولدر

tipkovnica
کي بورد

stolica
چوکی

košara za papir
اشغالداني

računar
کمپيوتر

šalica za kavu

د کافي پياله

kalkulator

کالکوليټر

internet

انترنيټ

laptop

لپ ټاپ

pismo

لیک

poruka

پیغام

mobilni telefon

موبایل

mreža

نیټورک

uređaj za kopiranje

فوټوکاپیر

softver

سافټویر

telefon

تلیفون

utičnica

پلک ساکت

faks

فکس مشین

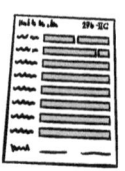

obrazac

فارم

dokument

سند

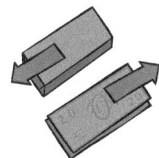

kupovati

پيرل

platiti

تاديه کول

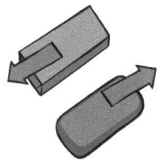

trgovati

سوداګري کول

novac

پيسي

dolar

ډالر

euro

يورو

jen

ين

rubalj

ربل

švicarski franak

سويسي فرانک

renmindbi yuan

رينمينبي يوان

rupija

روپۍ

automat za novac

د نغدي پيسو خای

mjenjačnica

د اسعارو د تبادلي دفتر

zlato

سره زر

srebro

سپين زر

nafta

تيل

energija

انرژي

cijena

نرخ

ugovor

قرارداد

porez

ماليه

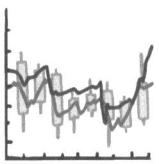

dionica

اسهام

raditi

کار کول

službenik

کارمند

poslodavac

کار کـومارونکی

tvornica

فابريکه

prodavaonica

پلورنځی

# zanimanja
# مسلکونه

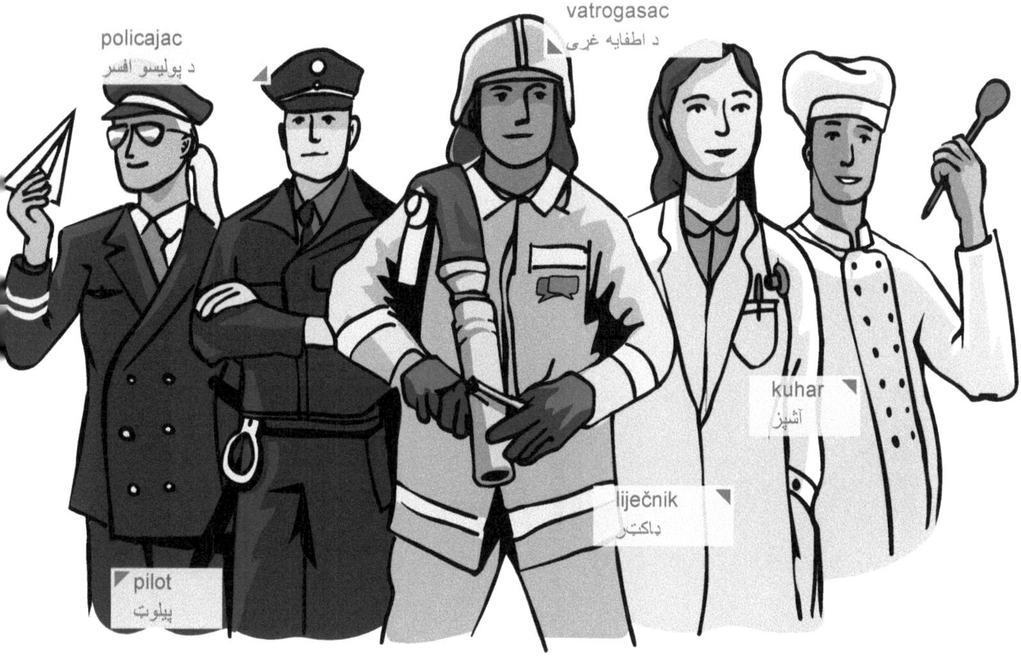

policajac
د پولیسو افسر
vatrogasac
د اطفایه غړی
kuhar
آشپز
liječnik
ډاکټر
pilot
پیلوټ


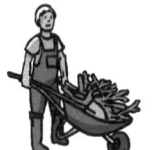

vrtlar
باغوان

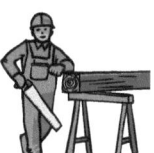

stolar
نجار

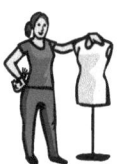

krojačica
خیاط

sudija
قاضي

kemičar
کیمیا پوه

glumac
د فلم لوبغاړی

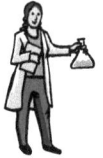

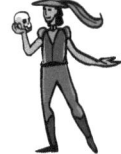

vozač autobusa

د بس درايور

vozač taksija

د ټيکسي درايور

ribar

کب نيونکی

čistačica

خدمه

krovopokrivač

بام جوړونکی

konobar

پيشخدمت

lovac

ښکاري

slikar

نقاش

pekar

نانوا

električar

د برېښنا کارکونکی

građevinski radnik

تعمير جوړونکی

inženjer

انجنير

mesar

قصاب

limar

نلدوان

poštar

پوست رسونکی

vojnik

سرتيري

arhitekta

مهندس

blagajnik

صراف

cvjećar

ماليار

frizer

نايي

kondukter

کليندر

mehaničar

ميکانيک

kapetan

کپتان

zubar

د غاښونو ډاکټر

znanstvenik

ساينس پوه

rabi

ښاغلى

imam

امام

monah

مذهبي نفر

svećenik

پادري

# alati

# لوازم

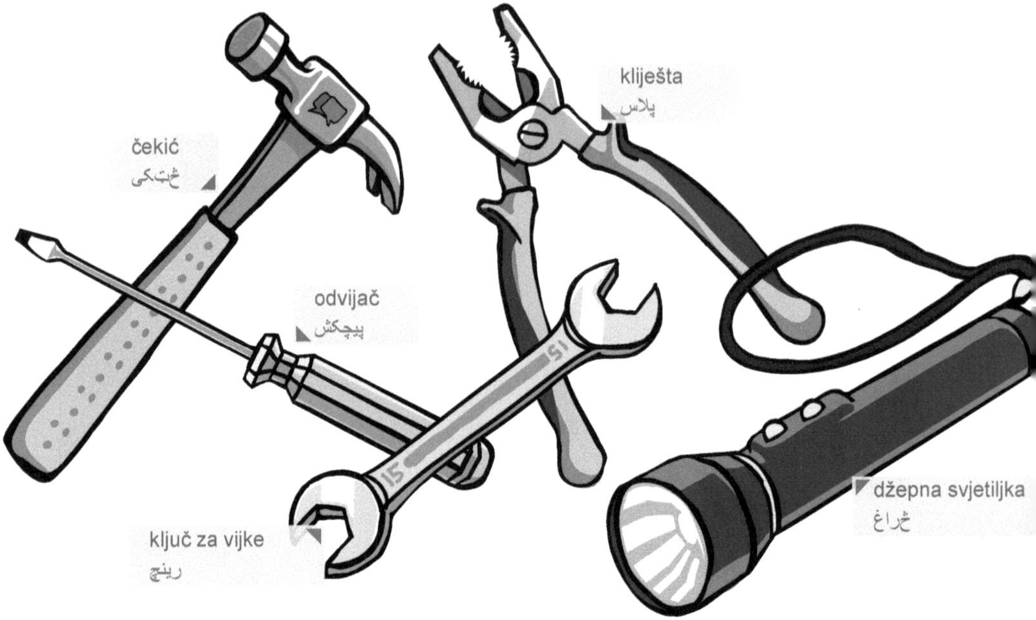

čekić
ځټکی
kliješta
پلاس
odvijač
پیچکش
ključ za vijke
رینچ
džepna svjetiljka
څراغ


rovokopač

کنستونکی

kutija za alat

د لوازمو بکس

ljestve

زینه

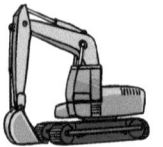

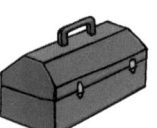

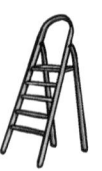

pila

اره

ekser

میخونه

bušilica

برمه

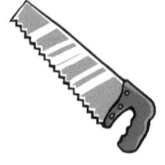

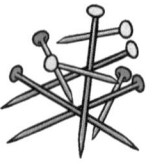

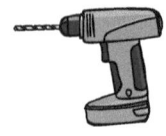

popraviti

ترمیم کول

lopata

بیل

Sranje!

لعنت!

lopatica

خاک انداز

lonac za boju

مشوانۍ

vijci

پیچونه

## glazbeni instrument

### د میوزیک آلات

zvučnik
لاوډ سپیکر

bubnjevi
درم سیټ

kontrabas
کنټرباس

truba
ترومپیټ

gitara
ګیتار

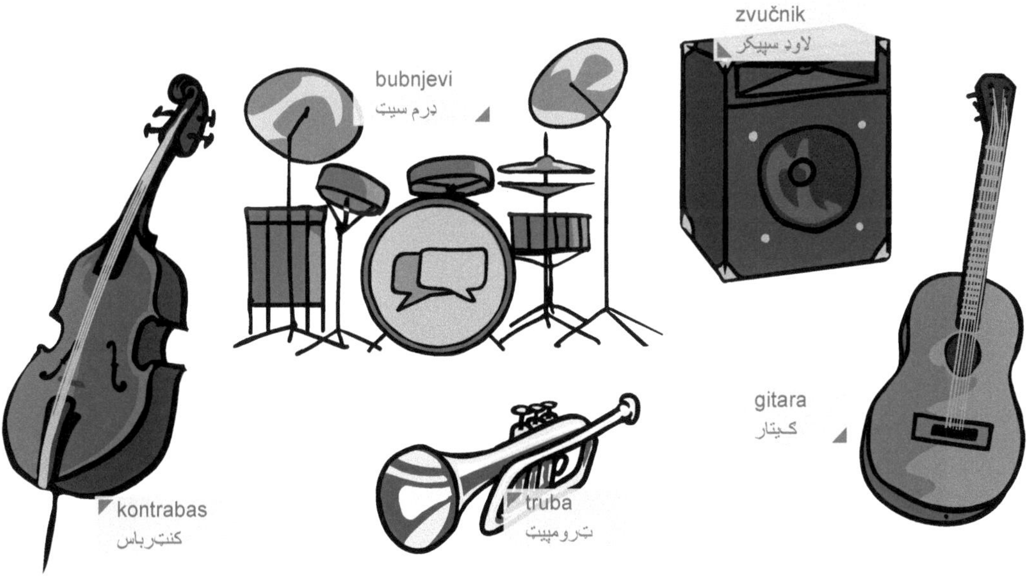

klavir

پیانو

violina

واین

bas

باس

timpani

نغاره

udaraljke za bubnjeve

ډرمونه

keyboard

کي بورډ

saksofon

سیکسافون

flauta

ښپیلی

mikrofon

مایکروفون

tigar
پړانگ

kavez
پنجرہ

zebra
ګورہ خر

ulaz
ننوتو لارہ

hrana za životinje
د ژوبو خواړه

panda
پانډا

životinje

ژوی

slon

هاتي

kengur

کنګرو

nosorog

د اوبو اسپ

gorila

ګوریلا

medvjed

ایږہ

kamila

اوښ

noj

ښترمرغ

lav

زمری

majmun

بيزو

flamingo

غزی

papagaj

طوطي

polarni medvjed

قطبي ايږه

pingvin

پينگوين

ajkula

شارک

paun

طاوس

zmija

مار

krokodil

تمساح

čuvar u zoološkom vrtu

ژوبن ساتونکی

tuljan

سيل

jaguar

جگوار

poni

يابو

leopard

پړانگ

nilski konj

هيپو

žirafa

زرافه

orao

باز

divlja svinja

نرخوک

riba

کب

kornjača

شمشتی

morž

سمندري نولی

lisica

گيدړه

gazela

هوسی

**američki nogomet**
امریکایی فټبال

**biciklizam**
سایکل چلول

**tenis**
ټینس

**košarka**
باسکیتبال

**plivanje**
لامبو

**boks**
باکسینګ

**hockey na ledu**
د کنګل هاکي

**nogomet**
.................
فټبال

**badminton**
.................
کسیزه

**atletika**
.................
د خۍاستي لوبی

**rukomet**
.................
د هندبال

**skijanje**
.................
سکي

**polo**
.................
پولو

skočiti
ستوپ وهل

zagrliti
غاړه وركول

pjevati
سندري ويل

smijati se
خندل

ići
کرخیدل

moliti se
عبادت کول

poljubiti
مچو کول

sanjati
خوب لیدل

pisati
لیکل

crtati
کښل

pokazati
ښودل

gurati
ټیله کول

dati
ورکول

uzeti
أخیستل

imati

درلودل

činiti

کول

biti

پاییدل

stojati

ودریدل

trčati

منډي وهل

povlačiti

راکښل

baciti

کوزارل

padati

لویدل

ležati

څملاستل

čekati

انتظار کول

nositi

ورل

sjediti

کښېناستل

oblačiti

پوښاک اغوستل

spavati

ویده کېدل

probuditi se

پاڅېدل

gledati

کتل

plakati

ژړل

milovati

بريد کول

češljati

کـمذخ کول

govoriti

خبرې کول

razumjeti

پوهيدل

pitati

غوښتنل

slušati

اوريدل

piti

څښل

jesti

خوړل

pospremiti

پاکول

voljeti

مينه کول

kuhati

پخلى کول

voziti

موټر چلول

letjeti

الوتل

ploviti

بیری چلول

računati

حساب

čitati

لوستل

učiti

زده کول

raditi

کار کول

vjenčati se

واده کول

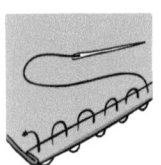

šiti

ګنډل

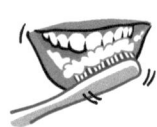

prati zube

د غاښونو برس کول

ubiti

وژل

pušiti

سګرټ څکل

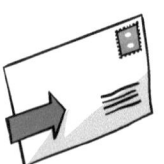

poslati

لیږل

# obitelj
# کورنۍ

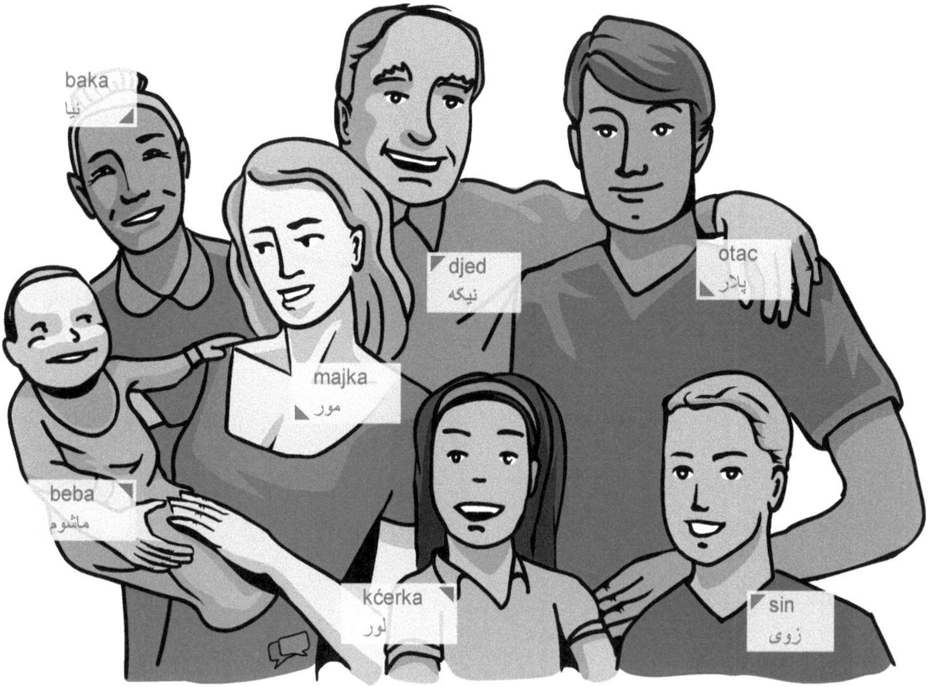
baka
نیا
djed
نیکه
otac
پلار
majka
مور
beba
ماشوم
kćerka
لور
sin
زوی

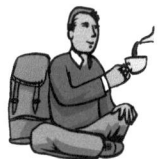

gost

میلمه

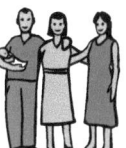

tetka

ترور

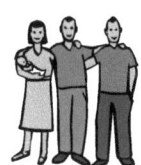

ujak, stric

کاکا/ماما

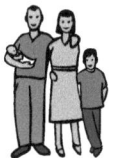

brat

ورور

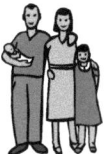

sestra

خور

# tijelo

## بدن

čelo
تندی
oko
سترګې
lice
مخ
brada
زنه
prst
ګوته
ruka
لاس
rame
اوږه
grudi
سينه
noga
پښه
ruka
مټ


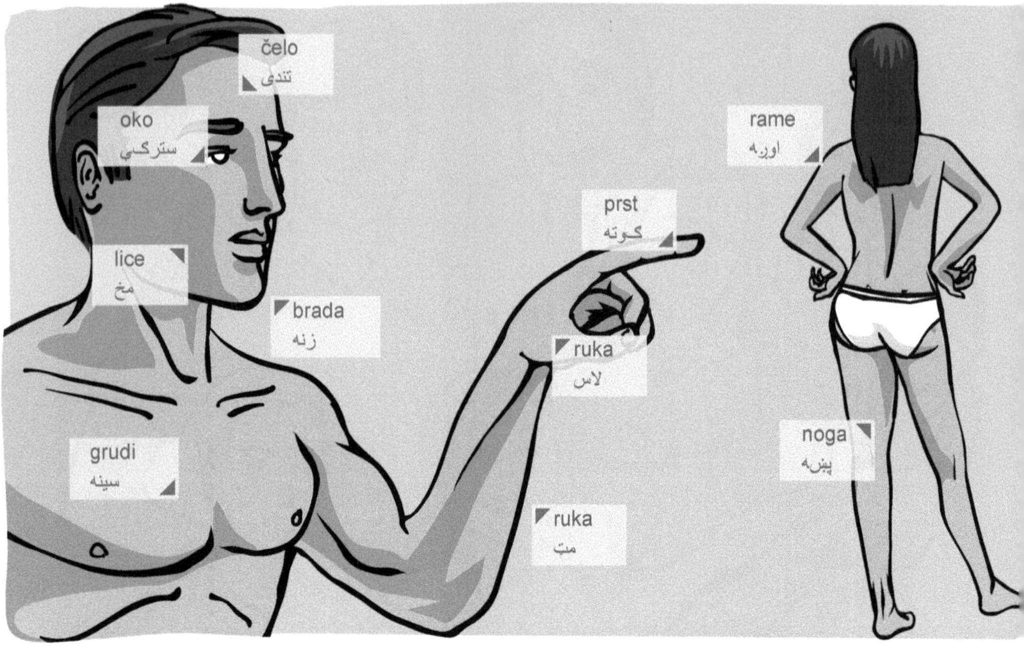

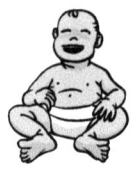

beba

ماشوم

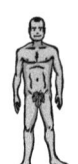

muškarac

سړی

žena

ښځه

djevojčica

انجلۍ

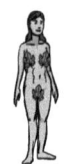

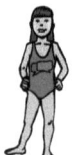

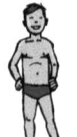

dječak

هلک

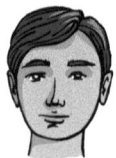

glava

سر

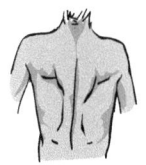

leđa

شا

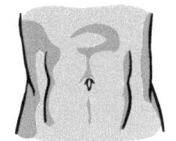

trbuh

خیټه

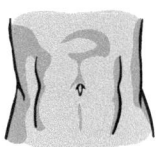

pupak

نوم

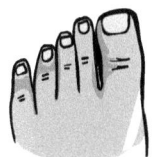

nožni prst

د پنښي ګوته

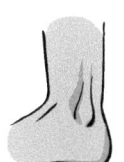

peta

پونده

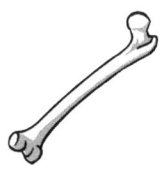

kost

هډوکی

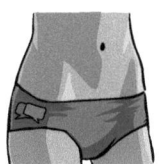

kuk

کوناټی

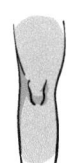

koljeno

زنګون

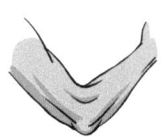

lakat

څنګل

nos

پوزه

stražnjica

لاندی برخه

koža

پوټکی

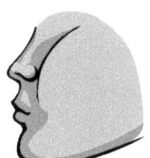

obraz

غومبوری

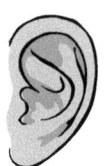

uho

غوږ

usna

شونډه

usta

خوله

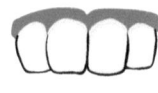

zub

غاښ

jezik

ژبه

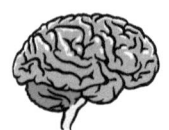

mozak

مغز

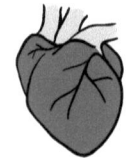

srce

زړه

mišić

عضله

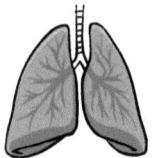

pluća

سږری

jetra

ځيګر

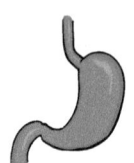

želudac

معده

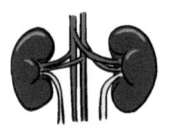

bubrezi

پښتورګي

snošaj

جنسي نږدی والی

kondom

کاندوم

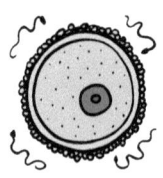

jajna stanica

تخمه

sperma

مني

trudnoća

حمل

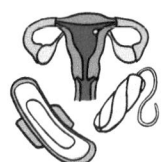

menstruacija

حيض

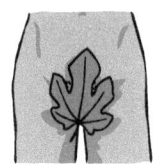

vagina

مهبل

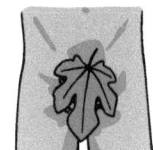

penis

د نارینه تناسلي آله

obrva

وروځي

kosa

ویښته

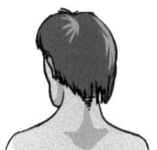

vrat

غاړه

# bolnica

روغتون

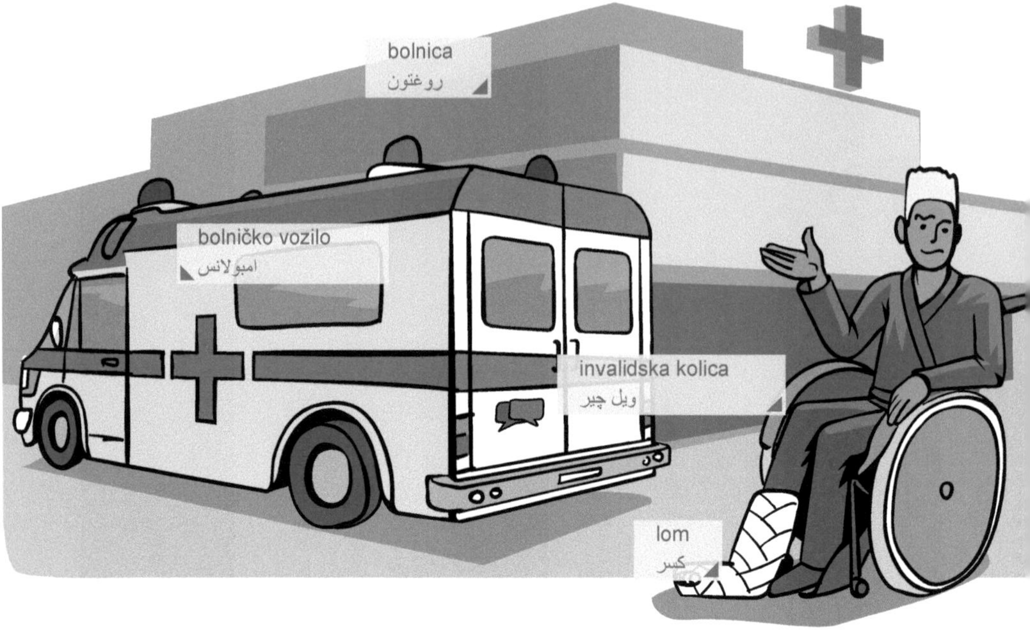

bolnica
روغتون

bolničko vozilo
امبولانس

invalidska kolica
ویل چیر

lom
کسر

liječnik

ډاکټر

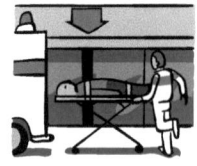

hitna medicinska služba

عاجل خونه

medicinska sestra

نرسه/پالر

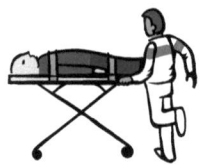

hitni slučaj

عاجل

nesvijest

بی هوش

bol

درد

ozljeda

ټپ

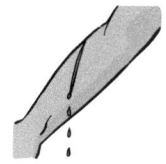

krvarenje

دلیدو نیو

srćani infarkt

د زره حمله

moždani udar

ضرب

alergija

حساسیت

kašalj

ټوخی

groznica

تبه

gripa

انفلوینزا

proljev

نس ناستی

glavobolja

سر درد

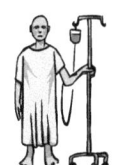

rak

سرطان

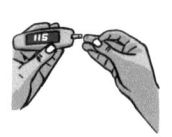

dijabetes

شکر

kirurg

جراح

skalpel

سکالپل

operacija

عملیات

ct

سیریتي

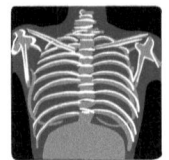

rentgen

ایکس ری

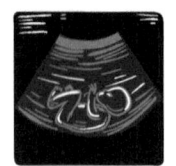

ultrazvuk

التراساوند

maska

د مخ ماسک

bolest

ناروغي

čekaonica

انتظار خونه

štaka

امسآ

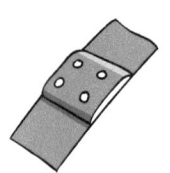

flaster

پلستر

zavoj

بنداژ

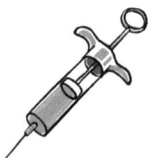

injekcija

تزریق

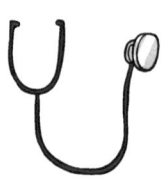

stetoskop

ستاتسکوپ

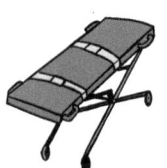

nosilo

تسکیره

termometar

کلینيکي ترماميتر

rođenje

زیږون

prekomjerna težina

زیات وزن

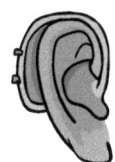

slušni aparat

د اوریدو مرسته

sredstvo za dezinfekciju

د عفونیت څخه پاکونکي مواد

infekcija

عفونیت

virus

ویروس

hiv / sida

ایچ.آی.وي/ایدز

medicina

درمل

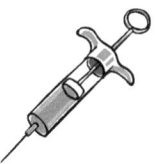

vakcinacija

واکسین

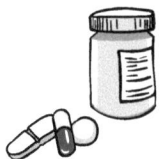

tablete

تابلیټس

pilula

ګولۍ

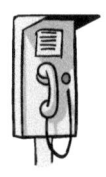

poziv u pomoć

عاجل تلیفون

uređaj za mjerenje tlaka

د ویني د فشار څارونکی

bolesno / zdravo

ناروغ/روغ

pomoć!

مرسته!

alarm

الارم

nasrtaj

يرغل

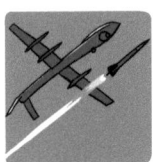

napad

بريد

opasnost

خطر

izlaz za nuždu

عاجل لاره

požar!

اور!

vatrogasni aparat

د اور وژونکی

nezgoda

پېښه

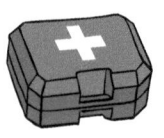

kofer prve pomoći

د لومړۍ مرستې لوازم

sos

ایس.او.ایس

policija

پوليس

Europa

اروپا

sjeverna amerika

شمالي امريکا

južna amerika

سهيلي امريکا

Afrika

افريقا

Azija

آسيا

Australija

أستريليا

Atlantik

اتلانتيک

Pacifik

پاسيفيک

ocean

د هند بحر

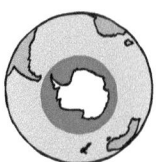

antarktički ocean

جنوبي منجمد بحر

arktički ocean

د شمال قطب بحر

sjeverni pol

شمالي قطب

**južni pol**

سهيلي قطب

**Antarktik**

انتـارکتـيکا

**zemlja**

خمکه

**zemlja**

خمکه

**more**

بحر

**otok**

ټاپو

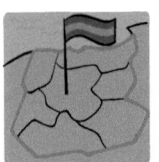

**nacija**

ملت

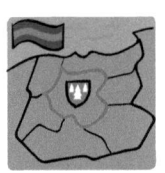

**država**

دولت

brojčanik sata

د مخی ساعت

satna kazaljka

د ساعت ستنه

minutna kazaljka

د دقیقی ستنه

sekundna kazaljka

د ثانیی ستنه

Koliko je sati?

څه وخت دی؟

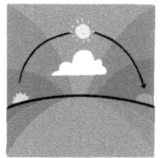

dan

ورځ

vrijeme

وخت

sada

اوس

digitalni sat

دیجیتل ساعت

minuta

دقیقه

sat

ساعت

ponedjeljak
دوشنبه

srijeda
چهارشنبه

petak
جمعه

utorak
سه شنبه

četvrtak
پنجشنبه

subota
شنبه

nedjelja
یکشنبه

jučer
پرون

danas
نن

sutra
سبا

jutro
سهار

podne
غرمه

večer
ماښام

radni dani
کاري ورځي

vikend
د اونۍ پای

# godina

# كال

duga
رنګين كمان
kiša
باران
snijeg
واوره
vjetar
باد
proljeće
پسرلی
jesen
منی
ljeto
اوړی
zima
ژمی


4.APRIL 11°
5.APRIL 4°
6.APRIL 13°
7.APRIL 8°
8.APRIL 10°


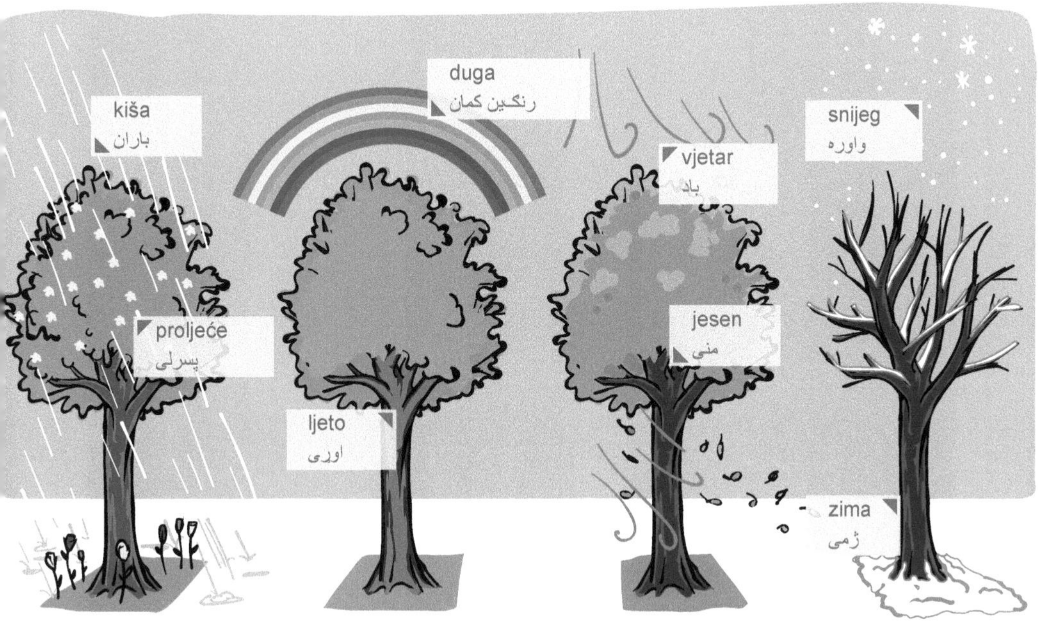

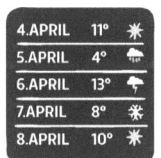

meteorološka prognoza

د موسم وړاندوينه

F C
120 40
90 30
60 20
30 10
0 0
-30 -10
-20


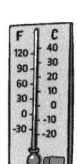

termometar

ترموميټر

sunčana svjetlost

د لمر وړانګې

oblak

وريځ

magla

لړه

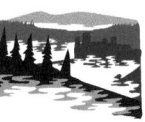

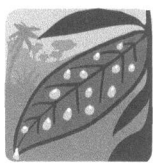

vlažnost zraka

رطوبت

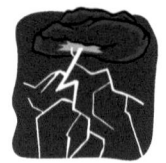

munja

رڼا

grmljavina

تندر

oluja

توفان

tuča

ژلی وریدل

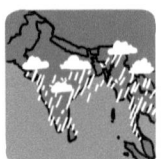

monsun

مون سون باران

poplava

سیلاب

led

يخ

siječanj

جنوري

veljača

فبروري

ožujak

مارچ

travanj

اپریل

svibanj

می

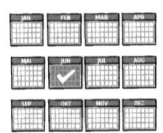

lipanj

جون

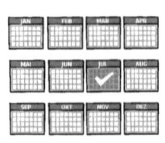

srpanj

جولای

kolovoz

اگست

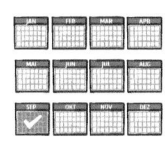

rujan
سپتمبر

listopad
اکتوبر

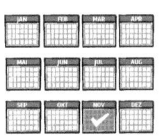

studeni
نومبر

prosinac
دسمبر

krug
دایره

kvadrat
مربع

pravokutnik
مستطیل

trokut
مثلث

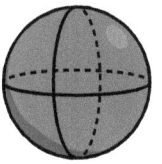

kugla
توپ

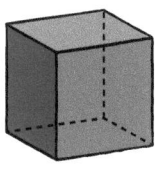

kocka
فال

bijela

سپين

žuta

ژير

narančasta

نارنجي

ružičasta

کلابي

crvena

سور

ljubičasta

ارغواني

plava

نيلي

zelena

شين

smeđa

نسواري

siva

خر

crna

تور

mnogo / malo

خورا ډير/خورا لږ

ljutito / mirno

قار/ارام

lijepo / ružno

ښکلی/بدشکله

početak / kraj

پیل/پای

veliko / maleno

لوی/کوچنی

svijetlo / tamno

روښانه/تیاره

brat / sestra

ورور/خور

čisto / prljavo

پاک/ککر

potpuno / nepotpuno

مکمل/نامکمل

dan / noć

ورځ/شپه

mrtvo / živo

مړ/ژوندی

široko / usko

پراخه/انری

jestivo / nejestivo

د خوراک وړ/نه خورل کیدونکی

zlo / dobro

بد/مهربان

uzbuđeno / dosadno

 پاریدلی/بی خونده

debelo / mršavo

چاق/وچ

na početku / na kraju

لومړی/وروستی

prijatelj / neprijatelj

ملګری/دښمن

puno / prazno

ډک/تش

tvrdo / mekano

سخت/نرم

teško / lagano

دروند/سپک

glad / žeđ

لوږه/تنده

bolesno / zdravo

ناروغ/روغ

ilegalno / legalno

غیرقانوني/قانوني

pametno / glupo

هوښیار/ساده

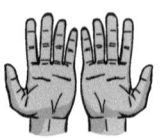

lijevo / desno

کیڼ/ښی

blizu / daleko

نږدې/لرې

novo / rabljeno

نوی/زوړ

ništa / nešto

هیڅ/یوڅه

staro / mlado

بوډا/ځوان

uključeno / isključeno

چالان/بند

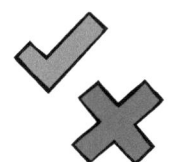

otvoreno / zatvoreno

خلاص/تړلی

tiho / glasno

غلی/لوړ غږ

bogato / siromašno

بډایه/غریب

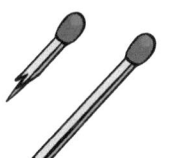

točno / pogrešno

صحیح/غلط

hrapavo / glatko

زبر/ملایم

tužno / sretno

خفه/خوښ

kratko / dugo

لنډ/اوږد

polako / brzo

سست/ګړندی

mokro / suho

لوند/وچ

toplo / hladno

ګرم/یخ

rat / mir

جګړه/سوله

**0**

nula

صفر

**1**

jedan

یو

**2**

dva

دوه

**3**

tri

دری

**4**

četiri

څلور

**5**

pet

پنځه

**6**

šest

شپږ

**7**

sedam

اوه

**8**

osam

اته

**9**

devet

نهه

**10**

deset

لس

**11**

jedanaest

یولس

## 12
dvanaest

دولس

## 13
trinaest

ديارلس

## 14
četrnaest

څوارلس

## 15
petnaest

پنځخلس

## 16
šestnaest

شپارس

## 17
sedamnaest

وولس

## 18
osamnaest

اتلس

## 19
devetnaest

نولس

## 20
dvadeset

شل

## 100
stotinu

سل

## 1.000
tisuću

زر

## 1.000.000
milijun

ميليون

engleski

انګلسي

američko engleski

امریکایی انګلسي

kinesko mandarinski

چینایی مندرین

hindi

هندي

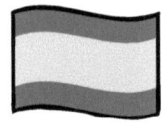

španjolski

هسپانوي

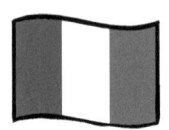

francuski

فرانسوي

arapski

عربي

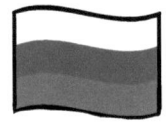

ruski

روسي

portugalski

پرتګالي

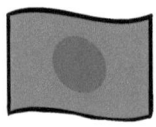

bengalski

بنګالي

njemački

آلماني

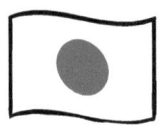

japanski

جاپاني

ja

زه

ti

ته

on / ona / ono

هغه/دغه/دا

mi

موږ

vi

تاسی

oni

دوی/هغوی

tko?

څوک؟

što?

څه؟

kako?

څنګه؟

gdje?

چیری؟

kada?

کله؟

ime

نوم

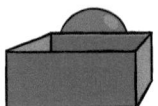

iza

شاته

u

پہ

ispred

پہ مخہ کی

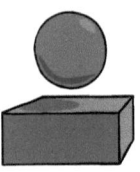

preko

باندی

na

پہ

ispod

لاندی

pored

برسیرہ پر

između

ترمینځ

mjesto

ځای